AF331883

RÉFORME JUDICIAIRE

D'ÉGYPTE

DOCUMENTS

OMIS OU INCOMPLÉTEMENT CITÉS PAR LE RAPPORT

PARIS

IMPRIMERIE ADMINISTRATIVE DE PAUL DUPONT

41, RUE JEAN-JACQUES ROUSSEAU, 41

—

1875

RÉFORME JUDICIAIRE

RECTIFICATION DES DOCUMENTS

Les adversaires et les partisans de la réforme judiciaire égyptienne ont exposé leurs raisons dans tout leur développement.

La question a été très-nettement posée :

Sur la position de cette question, sur l'argumentation qu'elle comporte, il ne reste rien à dire à l'heure qu'il est.

Rien, si ce n'est ceci : à cette argumentation, il faut une base qui se trouve dans les documents épars dont la Commission a usé trop discrètement, et sans se rendre compte peut-être qu'entraînée par ses convictions, elle ne mettait au jour que ceux d'entre eux qui lui paraissaient appuyer ces convictions, et que souvent même ses citations étaient incomplètes au point de dénaturer le sens des documents cités.

C'est pour compléter les pièces produites, et pour leur restituer leur véritable portée, que nous relevons ici quelques points très-limités et très-spéciaux de la discussion.

I

Capitulations. — Les adversaires de la réforme conviennent eux-mêmes que les Capitulations françaises ne réservent à nos nationaux la juridiction consulaire que dans le cas de procès entre eux. Ils admettent en conséquence que sur ce point la réforme les respecte entièrement.

Mais, suivant eux, un acte étranger à la France, les Capitulations autrichiennes de 1718 donnent aux Autrichiens le droit d'être jugés par leurs consuls quand ils sont poursuivis par un indigène.

Et ils soutiennent que la France peut invoquer ces Capitulations autrichiennes.

A priori il est évident qu'il y a là une erreur.

On ne peut pas admettre que nos Capitulations de 1740 aient été moins étendues que les Capitulations autrichiennes de 1718, et que nos diplomates, si vantés à la tribune, aie nt négligé de stipuler une prérogative acquise par les diplomates autrichiens depuis plus de vingt ans.

Mais, au surplus, il faut voir le texte invoqué. Le Rapport traduit en ces termes une phrase de l'article 5 du traité autrichien de 1718 :

Si à quelqu'un il était dû quelque chose par un marchand impérial-royal, le créancier devra exiger ledit dû *par le moyen* des consuls, vice-consuls et *interprètes*, de son débiteur et de personne autre.

La traduction n'est pas très-élégante, mais elle est peu exacte.

En suivant le texte latin et italien mis en note à la page 41 du Rapport, on voit qu'il faut lire :

Le créancier devra demander son dû *par l'intermédiaire* des consuls, vice-consuls et interprètes à son débiteur et non à personne autre.

Le but évident de la disposition est de défendre au créancier de poursuivre un autre que son débiteur ; c'est pour cela que la réclamation est transmise par le consul ou par l'interprète.

Mais il n'est point question de juridiction, c'est une simple question de procédure qui ne touche pas à la compétence au fond.

La phrase c itée se rapporte si peu à la constitution d'un tribunal, qu'elle met l'*interprète* sur la même ligne que le consul, et assurément un interprète n'a jamais pu être appelé à juger.

Au surplus, il est évident que la Commission n'a sous les yeux qu'un texte tronqué ; elle n 'a très-certainement pas lu dans son entier l'article 5 de la Capitulation autric hienne, car elle y aurait vu que la compétence des juges locaux y est très-clairement consacrée.

Voici en quels termes poursuit LE MÊME ARTICLE 5 :

S'il s'élève une *contestation contre les consuls*, vice-consuls, interprètes, *marchands*, impériaux-royaux qui dépasse 3,000 aspres, c'est-à-dire 25 tallaris, elle ne pourra être décidée par aucun tribunal de province, mais elle devra être remise au jugement de la Porte Ottomane.

Ainsi, au-dessous de 25 tallaris, c'est le juge de province qui statue ; au-dessus de 25 tallaris, c'est la Porte ; mais ce n'est jamais le consul.

II

Donc, ce que l'on veut réformer ce sont les usages et non les Capitulations.

Mais cette distinction n'a véritablement d'intérêt que pour ceux qui, comme M. Lucien Brun, ont du mal à « oublier le passé. »

Nous sommes très-portés à reconnaître que les usages, fussent-ils le résultat d'empiétements très-irréguliers, devraient être maintenus s'ils avaient une raison sérieuse d'utilité générale, ou même particulière à nos nationaux.

Mais il s'en faut qu'il en soit ainsi.

Les inconvénients du système introduit par l'usage ont été reconnus par les adversaires eux-mêmes de la réforme. Ils se contentent de dire qu'il ne faut pas les exagérer, sans indiquer en quoi on exagère.

Mais comme on ne saurait être trop précis sur ce point, nous produisons ici un document que la Commission a eu entre les mains et qu'elle s'est bien gardée de mettre en lumière.

Le voici, nous verrons après de qui il émane.

Les imperfections que le Gouvernement impute au système de juridiction existant en Egypte sont évidentes par elles-mêmes.

Il suffira de préciser ici les principales d'entre celles qui ont été reconnues par la Commission et qui sont le plus de nature à faire impression sur les esprits pratiques.

En dehors des tribunaux locaux, il existe, en Egypte, seize ou dix-sept consulats qui ont droit de juridiction sur leurs nationaux.

Or, dans l'état de choses actuel, la règle universellement suivie pour la compétence en matière civile et commerciale est que le défendeur doit être néessairement cité devant son tribunal, c'est-à-dire, l'indigène devant le tribunal local, et l'étranger devant le tribunal de son consulat. C'est l'application absolue de la règle *actor sequitur forum rei.*

L'usage est encore que chaque tribunal applique une législation différente et juge d'après sa procédure spéciale.

Une première conséquence de cette manière de procéder est qu'au moment où les parties contractent, elles ne peuvent savoir devant quelle juridiction elles devront plaider, ni d'après quelles règles de droit et de procédure elles seront jugées, si elles sont amenées à faire, plus tard, apprécier par la justice la valeur et la portée de leur convention.

Aussi, l'intérêt de chacun des contractants, pendant la durée de l'exécution de leur marché, est-il nécessairement de chercher, dans la prévision d'un procès, à se mettre en possession de l'objet litigieux, ou de retenir les sommes qu'il peut avoir à verser, afin d'être sûr qu'étant défendeur, il sera jugé à son consulat, devant des juges et un public qu'il connaît et qui le connaissent, et d'après sa propre législation.

En second lieu, lorsque le demandeur a devant lui plusieurs adversaires de nationalité différente, il doit faire autant de procès qu'il y a de défendeurs en cause. Il en résulte souvent autant de jugements contradictoires. Sans doute, les règles de l'équité sont partout les mêmes, et les principes qui régissent les législations européennes se rapprochent beaucoup. Il n'en n'est pas moins vrai, cependant, que chacun des tribunaux appelés à statuer sur une même affaire, peut ne pas apprécier le fait et le droit de la même manière.

Une difficulté de même nature se rencontre dans les affaires où il y a lieu à recours en garantie, car le défendeur ne peut appeler le garant en cause, quand il n'est pas de la même nationalité que lui.

Dans la plupart des cas aussi, le tribunal ne peut connaître des demandes reconventionnelles, si ce n'est quelquefois par voie de compensation.

Or, précisément, tous ces cas se présentent nécessairement dans les affaires les plus fréquentes, c'est-à-dire en matière de lettre de change, de société, de faillite, de distribution de deniers saisis, de règlement de droits de gage sur les immeubles; car, dans ces sortes d'affaires, il y a toujours beaucoup de parties en cause, de toutes nationalités.

Un très-grave inconvénient résulte également de ce que l'appel des sentences consulaires n'est pas jugé en Egypte.

Le demandeur qui a gagné son procès en première instance est obligé, sur l'appel de son adversaire, d'aller plaider à l'étranger, dans un pays où il ne connaît personne, où il lui est difficile de se défendre, ce qui revient souvent, en fait, à un véritable déni de justice.

Il arrive fréquemment aussi que l'exécution des sentences souffre, malgré la volonté sincère qu'a le consul de les exécuter, des difficultés insurmontables, quand, par exemple, un étranger condamné à quitter un local ou à livrer un objet litigieux, remet le local ou l'objet litigieux en la possession d'un étranger d'une autre nationalité que lui.

Dans ce cas, celui qui a gagné son procès une première fois est obligé de demander à un second tribunal consulaire un nouveau jugement, dont l'exécution peut donner lieu aux mêmes difficultés, et ainsi indéfiniment.

Les inconvénients qui viennent d'être signalés pèsent autant, et plus peut-être, sur les étrangers que sur les indigènes; ils sont de nature à éloigner les étrangers de venir en Egypte, et, sous ce rapport, le Gouvernement égyptien est fondé à dire qu'ils portent au pays un préjudice considérable, en le privant de s'adresser aux entrepreneurs sérieux auxquels il voudrait confier ses grands travaux publics.

Mais la conséquence la plus fâcheuse pour le Gouvernement égyptien, qui découle de la multiplicité des juridictions, est qu'il ne lui est pas possible de faire observer les lois sur les brevets d'invention, sur la propriété industrielle, sur les marques de fabrique, parce que chaque consulat, en ces matières, appliquerait sa propre législation, et que l'industrie et la richesse du pays souffrent de cette impossibilité.

C'est aussi que l'exercice du droit de propriété immobilière se trouve entravé, et que la propriété elle-même ne peut acquérir la valeur à laquelle elle pourrait atteindre avec un bon système de juridiction.

Il faut reconnaître, en effet, que le Gouvernement ne peut, en l'état, faire fonctionner une loi sur les hypothèques, parce qu'une pareille loi est inefficace, si elle n'est pas appliquée par un tribunal unique; que, sans loi hypothécaire, l'établissement d'un crédit foncier est impossible; que l'agriculture ne peut s'aider de capitaux étrangers, et qu'elle est obligée d'emprunter, quand elle peut le faire, à un taux onéreux, parce qu'elle n'a pas le moyen de donner un gage hypothécaire assuré.

Qui dit cela?

Est-ce le Gouvernement égyptien? Sont-ce les avocats de la réforme?

Non, ce sont les consuls généraux réunis en commission, en 1869, au Caire, avec les consuls-juges de France, d'Italie et d'Angleterre.

C'est-à-dire que ce sont précisément ceux qui ont introduit la juridiction multiple qui produit les inconvénients signalés; c'est leur œuvre qu'ils critiquent aussi sévèrement.

La Commission n'a pas même fait allusion à cette partie du Rapport; elle se borne à dire, pour atténuer la portée de ce Rapport, que la Commission a outre-passé ses pouvoirs, en faisant un rapport collectif.

En vain, dit-elle (p. 72), M. Tricou s'oppose-t-il à l'idée d'un Rapport commun en s'appuyant sur des instructions qui ne lui permettent autre chose que de faire un Rapport à son propre Gouvernement. Nubar-Pacha insiste et rallie à son opinion les commissaires italiens, autrichiens et anglais.

On croit rêver, quand on voit que le rédacteur du Rapport avait sous les yeux, au moment où il s'exprime ainsi, les instructions données au commissaire français, et que ces instructions sont ainsi conçues:

Les commissaires européens auront, d'abord, à s'assurer auprès des délégués égyptiens *des imperfections du système actuel*, et à examiner les moyens proposés pour y porter remède.
Ils auraient ensuite à rechercher *jusqu'à quel point sont fondées les plaintes du Gouvernement égyptien*.
La discussion close, ils feront connaître à leurs Gouvernements leur opinion **sur les conclusions de la Commission.**

Au surplus, qu'importe?

L'appréciation des consuls généraux, quelle que fût leur mission, reste entière; et personne, depuis, n'a songé à en affaiblir la portée.

III

Une fois qu'on est d'accord sur le mal, quel est le remède?

Sur ce point les adversaires de la réforme se taisent. Ils ne proposent rien, mais absolument rien.

Il leur suffit de contester la légitimité et l'efficacité du seul remède possible : à savoir, l'unification des tribunaux.

Une première objection est celle-ci :

« On n'a pas le droit de soumettre aux nouveaux tribunaux les contestations des Européens entre eux, car les Capitulations les exemptent de la juridiction locale dans ce cas, s'ils ne sont pas d'accord pour s'y soumettre. »

M. le ministre des affaires étrangères a répondu très-justement à cette objection, que ce n'était pas le Gouvernement égyptien qui exigeait que ses nouveaux tribunaux jugeassent les Européens, plaidant entre eux, que c'étaient les Gouvernements européens qui, dans l'intérêt de leurs nationaux, les soumettaient au tribunal international.

Qu'en conséquence la Capitulation n'avait rien à voir ici.

Il n'y a plus à insister là-dessus, mais il est curieux de voir avec quelle habileté, à l'occasion de cette question, le rapporteur cite les documents qu'il a sous les yeux :

Dès le commencement de la discussion, devant la commission des conseils généraux, dit-il, des protestations s'élevèrent contre l'attribution à ces tribunaux des différends entre Européens de nationalité différente.

On croit, d'après cela, que la Commission est opposée à cette attribution et on le croit encore mieux, après les citations suivantes que fait le rapport de M. Rouvier, des procès-verbaux de cette commission :

M. Theremin (Allemagne) dit que la compétence ne peut exister que si les deux Européens plaidant l'un contre l'autre sont d'accord pour l'accepter. La compétence doit être facultative, non obligée.

M. Giaccone (Italie)... Quant aux procès entre Européens de nationalité différente, c'est là une question dans laquelle le Gouvernement égyptien n'a rien à voir.

M. Francis (Angleterre) croit que la Commission n'a pas à s'occuper du sort des procès entre Européens.

M. de Schreiner (Autriche)... Si les Gouvernements sont prêts à sacrifier le droit de faire assister leurs nationaux par des drogmans et de faire exécuter les jugements par leurs consulats, ils se peut qu'ils ne soient pas prêts à sacrifier la juridiction ou le droit de juger les procès entre Européens de différentes nationalités.

D'autres commissaires parlent dans le même sens.

Voilà qui semble bien formel.

Eh bien, voici, maintenant, la citation rectifiée, en soulignant les passages omis :

M. de Vesque *dit qu'il croit utile de soumettre aux nouveaux Tribunaux les procès nés entre étrangers de nationalité différente.*

M. Theremin dit que la compétence ne peut exister que si les deux Européens plaidant l'un contre l'autre sont d'accord pour l'accepter. La compétence doit être facultative et non obligée.

M. Giaccone. Quant aux jugements des procès entre Européens de nationalité différente, c'est là une question dans laquelle le Gouvernement égyptien n'a rien à voir ; *mais comme les inconvénients qui résultent de la multiplicité des législations et les juridictions, se font sentir aussi bien aux Européens qu'aux indigènes, la Commission doit faire connaître son désir.*

Les commissaires italiens croient qu'il serait utile de soumettre ces procès au tribunal unique que le Gouvernement veut établir, à la condition de garanties suffisantes d'un bon fonctionnement de ce tribunal.

Les Européens ont à souffrir de la diversité des jugements qui peuvent être rendus dans une même affaire, de l'obligation d'aller en appel à l'étranger, même dans les pays éloignés.

M. Francis croit que la Commission n'a pas à s'occuper du sort des procès entre Européens.

M. Giaccone *dit que c'est une question qui peut être indifférente au Gouvernement égyptien, mais il insiste cependant pour que la Commission s'en occupe.*

Les commissaires doivent éclairer leurs Gouvernements, qui ne savent pas exactement quel est l'état des choses en Egypte.

Cela est si vrai que la Commission française de 1867 dit, dans son Rapport, que la législation française est presque exclusivement suivie dans les consulats du Levant ; elle ne signale d'exception que pour le consulat anglais.

Ce serait déjà beaucoup, mais nous savons que cette appréciation n'est pas exacte et nous devons éclairer nos Gouvernements sur ce point ; nous savons que les législations qui ont emprunté leurs dispositions au Code français en diffèrent cependant sur beaucoup de points : qu'en Prusse, en Autriche, dans beaucoup d'Etats allemands, en Russie, aux Etats-Unis, la différence est considérable et que chaque consulat applique la loi de son pays.

M. Francis dit qu'il partage au fond l'avis de **M. Giaccone**, *mais que la Commission n'a pas à se prononcer sur la question ; chacun des commissaires pourra dire tout cela à son Gouvernement, mais ici, en commission, ils ne doivent pas s'en occuper.*

M. de Lex *croit qu'en laissant les Européens libres d'aller devant les nouveaux tribunaux, ils y viendront d'eux-mêmes, puisqu'ils reconnaîtront l'inconvénient de la multiplicité des juridictions.*

M. Hale dit que si l'unité des juridictions est nécessaire, c'est surtout pour les Européens plaidant entre eux qu'elle est nécessaire.

Il faut déclarer que cette unité est désirable, sauf à examiner dans quels termes l'avis doit être formulé et dans quels termes les Gouvernements doivent adopter l'unité de juridiction.

M. Tricou dit que les commissaires français s'en réfèrent et s'en tiennent à la déclaration qu'ils ont faite dans la Note lue à la précédente séance.

M. de Schreiner dit qu'il se peut qu'il soit au fond de la même opinion que **M.** Giaccone, et qu'il donne la même solution si on lui demande un rapport sur la question.

Mais le but de la Commission est de faire un travail sur lequel les Gouvernements devront statuer.

Or, s'ils sont prêts à sacrifier le droit de faire assister leurs nationaux par des drogmans, et de faire exécuter les jugements par leur consulats, il se peut qu'ils ne soient pas prêts à sacrifier la juridiction ou le droit de juger les procès entre Européens de différente nationalité.

Et plus loin ce passage, que le Rapport ne cite pas :

M. de Schreiner dit que, pour le moment, il faut supprimer les derniers mots de l'article, bien qu'il pense que, pour les raisons qu'il a données dans sa note, il soit désirable d'arriver à l'unité de juridiction dans les procès entre étrangers.

M. Stanton croit que l'unité de juridiction est très-utile entre étrangers ; mais comme cela touche aux Capitulations, il ne faut pas la mettre dans le projet, et espérer que les Gouvernements étrangers l'y introduiront.

M. de Lex dit que les observations qui viennent d'être échangées l'ont convaincu que l'unité de juridiction dans les procès entre étrangers de nationalité différente était utile et qu'il faut présenter des vœux en ce sens aux Gouvernements.

M. Theremin dit qu'il pense, comme le colonel Stanton, qu'il faut laisser aux Gouvernements le soin de décider la question qui touche aux Capitulations, et, par conséquent, rayer pour le moment les mots de l'article. L'unité de juridiction entre étrangers est très-désirable assurément, mais il suffira aux commissaires de porter à la connaissance de leurs Gouvernements les motifs qui la rendent désirable.

Enfin, la Commission des consuls généraux conclut ainsi dans son Rapport collectif :

Sur le premier point, la Commission ne peut méconnaître que l'institution d'une juridiction unique, présentant des garanties réelles, et appliquant une loi uniforme et connue, est précisément le remède direct et nécessaire aux inconvénients qui résultent de la multiplicité des juridictions et des législations.

Aussi, elle n'hésite pas à déclarer qu'elle est d'avis d'adopter les vues du Gouvernement égyptien sur ce point, c'est-à-dire de soumettre à un tribunal unique aussi bien les contestations élevées entre étrangers et indigènes, que les contestations nées entre étrangers de nationalité différente.

On voit qu'il n'est pas complétement superflu de contrôler les citations de la Commission. S'imaginerait-on que, s'appuyant sur une brochure anonyme,

M. Rouvier, dans son Rapport, dit que les délégués français n'ont pu obtenir que leurs opinions dissidentes fussent mentionnées dans les conclusions de la Commission des consuls généraux de 1869.

Un mot répond à cela, c'est celui-ci : un des délégués français a été appelé à concourir à la rédaction de ces conclusions qui sont *en français*, et il était d'autant plus maître de la rédaction que les deux autres étaient étrangers.

IV

Ne pouvant s'en prendre au remède, on s'en prend aux garanties.

Ces garanties, on les connaît :

La majorité européenne ;

L'obligation pour les juges d'être autorisés par leur Gouvernement ;

La récusation péremptoire ;

L'inamovibilité ;

L'avancement mis en dehors de l'action du Gouvernement ;

Le droit exclusif du tribunal sur ses officiers de justice et les agents de la force publique ;

L'exécution appartenant au tribunal seul ;

Au criminel :

L'instruction confiée à un magistrat européen ;

La communication du dossier au consul, après l'instruction ;

La moitié des jurés ou assesseurs appartenant à la nationalité de l'inculpé ;

La distinction précise et la délimitation des délits justiciables des nouveaux tribunaux ;

Etc., etc., etc.

Cependant, on s'est plaint que ces garanties, déjà nombreuses, soient trop restreintes, et M. Bouchet en a énuméré un certain nombre, qu'il regarde comme considérables, qui auraient été promises, dit-il, mais qui sont restées à l'état de simple promesse et dont il n'a plus été question.

Il est très-curieux de citer, d'après le *Moniteur*, ce qu'il dit sur ce point et de mettre en regard les textes qui font immédiatement voir l'inanité de ces plaintes, et combien a été superficielle l'étude de cette question de la part de ceux qui viennent combattre le résultat de huit années d'examen et de discussions diplomatiques, et l'avis réfléchi de cinq Commissions qui toutes, sont entrées de plus en plus avant dans les détails de la nouvelle organisation judiciaire.

Voici ce que dit M. Bouchet de la composition du jury :

Pour le cas où une affaire criminelle instruite serait déférée à une cour d'assises, on avait demandé que le jury fût composé de façon à ce que la moitié fût toujours composée d'Européens de la nationalité de l'accusé. Cette garantie a été maintenue, je le reconnais, *mais à l'état de promesse ;* or, comme je connais trop ce que valent les promesses, — on en a fait beaucoup dans le cours des négociations et très-peu ont été tenues, — je suis, pour ma part, très-alarmé de ce que sera la composition du jury.

Un tel langage a lieu d'étonner, quand l'article 4 du Règlement d'organisation judiciaire, que M. Bouchet a pu lire au Livre jaune, porte textuellement ceci : (*Livre jaune*, p. 227.)

La moitié des assesseurs et des jurés sera de la nationalité de l'inculpé, s'il le demande.

C'est pour assurer l'exécution de cette disposition que le nombre des jurés, par nationalité, sera, au minimum, de dix-huit noms, à cause des récusations.

On comprend dès lors difficilement que M. Bouchet ait craint pour le Français inculpé l'impossibilité d'avoir six de ses concitoyens dans le jury, puisque le tirage au sort des jurés appelés, et dont les deux tiers sont récusables, se fera sur une liste de trente personnes.

Pour le nombre des jurés qui composeront la liste générale, on a voulu établir une certaine proportion entre le nombre des résidents en Égypte, et on a porté, pour certaines nations, pour celles qui ont le plus de leurs enfants en Égypte, le nombre à trente jurés. Les autres nations en auront dix-huit, nombre qui souvent dépassera celui des nationaux présents, pour la Suède, pour le Danemark, par exemple. C'est un préjudice énorme pour la France. Ce procédé rendra toujours ou presque toujours impossible la présence, pour la moitié du jury, des concitoyens de l'inculpé.

M. Bouchet ajoutait encore :

La Commission d'élaboration du projet avait soigneusement limité les cas d'emprisonnement préventif ; elle avait admis la garantie de la liberté sous caution ; même dans le cas de mise au secret, elle avait demandé que l'accusé, le prévenu pût communiquer avec son défenseur ; elle avait demandé également un rapport hebdomadaire du juge d'instruction sur toutes les affaires criminelles en cours ; elle avait demandé enfin que les témoins cités à la requête de l'accusé, le fussent sans frais.

Sur tous ces points importants, *la Convention garde le plus absolu silence ; elle ne nous donne pas la moindre garantie*. Aussi, ne pouvons-nous abandonner des prérogatives aussi importantes que celles que je viens de vous citer.

On se demande qui a renseigné M. Bouchet et comment il a été amené à affirmer des erreurs aussi graves et autant de nature à égarer l'Assemblée.

Voici la vérité :

On peut lire au Livre jaune (p. 43), que tous ces points n'ont pas été demandés par la Commission ; mais que Nubar-Pacha a fait voir à la Commission qu'ils se trouvaient insérés au Code d'instruction criminelle.

Et, en effet, bien loin d'être refusés, comme le dit et le croit sans doute M. Bouchet, ils sont très-nettement consacrés par ce Code :

1° Emprisonnement préventif :

Art. 81. — Lorsque l'inculpé ne se sera pas présenté sur la citation, ou lorsque le fait sera de la nature indiquée à l'article 18, le juge d'instruction pourra décerner un mandat d'amener.

(Art. 18... Lorsqu'il y aura présomption de crime ou de tentative de crime ou d'un délit de vol, d'escroquerie, ou de violence grave, ou lorsque l'inculpé n'aura pas de domicile fixe et connu en Egypte...)

2° Liberté sous caution :

95. — A toute époque, le juge d'instruction pourra donner mainlevée d'un mandat décerné par lui.

L'ordonnance de ce chef ne sera soumise à aucun recours.

96. — L'inculpé pourra, à toute époque, demander sa mise en liberté provisoire ; la demande sera introduite devant la chambre du Conseil, qui l'entendra en présence du ministère public et statuera sur les conclusions écrites de ce dernier.

97. — Cette décision ne pourra être attaquée par voie d'appel.

99. — La partie civile n'est pas admise à requérir l'arrestation de l'inculpé et n'est pas entendue dans les débats relatifs à sa mise en liberté.

100.— La mise en liberté provisoire sous caution sera de droit, en matière de délits, huit jours après l'interrogatoire, quand l'inculpé sera domicilié et qu'il n'aura pas subi une condamnation antérieure de plus d'une année d'emprisonnement.

102. — En matière de crimes, la mise en liberté ne sera pas de droit, mais elle pourra être prononcée dans les formes ci-dessus avec ou sans caution.

3° Mise au secret :

92. — Le juge d'instruction pourra mettre l'inculpé au secret pendant quarante-huit heures

seulement ; dans ce délai, il se pourvoira, s'il est nécessaire, devant la chambre du tribunal, qui pourra prolonger de six jours le temps du secret et non au delà.

93. — Le juge d'instruction peut toujours ordonner que l'inculpé ne communiquera qu'avec les membres de sa famille jusqu'au sixième degré inclusivement, et en présence d'un tiers ayant le droit d'empêcher aucune communication relative à l'inculpation.

94. — L'inculpé, même mis au secret, aura toujours le droit de communiquer sans témoin avec son défenseur, pourvu que ce dernier soit avocat admis à la Cour d'appel.

4° Procédure sans frais :

53. — Le ministère public et le prévenu aux frais de l'Etat, et la partie civile à ses frais, pourront requérir l'audition de tout témoin ou toute procédure d'instruction.

Toutes ces erreurs sont fâcheuses ; car enfin, quand un orateur de la valeur de M. Bouchet est aussi affirmatif, l'Assemblée doit croire qu'il a vérifié le fait qu'il avance.

V

Les Codes. — On a fait à propos des Codes de bien étranges erreurs.

M. Pascal Duprat a dit qu'ils étaient l'œuvre d'un avocat, naguère adversaire de la réforme, et nouvellement converti.

L'opinion que peut avoir le rédacteur des Codes sur la nécessité de la réforme, a bien peu d'importance sur la valeur de ces Codes.

Mais, en fait, rien n'est moins exact.

L'erreur est étrange, car M. Duprat, qui a dû lire le rapport de la Commission, a pu y voir citée une brochure de cet avocat, datée de 1867, et qui se trouve entre les mains de la Commission.

Or, cette brochure est la première qui ait été publiée en faveur de la réforme, et elle a paru dès que la question a été soulevée en 1867.

Mais, dit M. Duprat, ces Codes ont été faits en quelques mois, un an peut-être.

« Allez, monsieur, le temps ne fait rien à l'affaire. »

Ce qui est certain, c'est que, depuis 1870, ils sont livrés aux différents Gouvernements qui les ont fait examiner, et finalement les ont approuvés ; que, quant au Gouvernement français, il les a soumis à MM. Saudbreuil et Féraud-Giraud, que depuis un an les magistrats envoyés en Egypte les étudient et ont provoqué quelques modifications, en sorte qu'on peut espérer avoir quelque chose de supportable.

M. Duprat dit qu'ils ne valent rien, et le rapport, en dehors des appréciations générales qu'il emprunte à des tiers, précise quelques critiques.

Il y en a une qui est bien curieuse, et c'est celle-ci :

Le Code égyptien ne renferme sur les obligations que 115 articles au lieu de 280.

Sur les contrats, au lieu de 476 articles, 377 seulement ; sur les droits des créanciers, 90 articles au lieu de 147. (Rapp., p. 163.)

Cette manière d'apprécier une législation à la toise est nouvelle, mais est-elle bien scientifique ?

Il y a une autre critique qui n'est pas moins singulière.

On sait que dans notre Code, il est défendu au juge de refuser de statuer sous prétexte d'obscurité ou d'insuffisance de la loi.

Le Code égyptien dit que dans ce cas, le tribunal se conformera aux règles de l'équité et du droit naturel.

Croirait-on que le Rapport relève cela comme une énormité ?

Voici ce qu'il dit : Le juge musulman jugera d'après le coran, car pour lui c'est là qu'est l'équité et le droit naturel.

Il y a là une erreur capitale, bien excusable au surplus chez des gens qui ne savent pas ce que c'est que le Coran. Il ne faut pas croire que les musulmans ne savent pas que, quand on parle d'équité, c'est-à-dire de règles demandées à la conscience libre et individuelle, c'est qu'il ne s'agit pas d'interroger le Coran, c'est-à-dire l'autorité immuable et indiscutable.

Plus loin, M. Rouvier prétend relever une erreur en matière de droit musulman.

Le Code spécifie les terrains tributaires (Karadji) dont la nue propriété appartient à l'Etat, les possesseurs n'en ayant que l'usufruit.

Il se récrie sur ce que, s'il en était ainsi, l'Etat serait maître de la presque totalité du pays.

M. Rouvier se serait évité cette crainte, s'il avait bien voulu lire seulement les articles qu'il critique dans le Code.

Il y aurait vu que cet usufruit est perpétuel, transmissible par succession et aliénation quelconque et susceptible d'hypothèque.

La seule conséquence de la nue propriété de l'Etat, c'est qu'il reprend le bien et le met aux enchères, si le possesseur le laisse cinq ans sans culture.

M. Rouvier s'appuie sur Gatteschi, qu'il cite.

C'est là, déclare M. Gatteschi, une erreur très-grave, dont les conséquences n'aboutiraient à rien moins qu'à confisquer aux indigènes et *même aux Européens*, possesseurs de biens immeubles en Egypte, une immense quantité de terrains, de la propriété desquels ils jouissent pleinement et entièrement depuis des siècles ; car il est hors de doute que, de par la loi musulmane, la qualité de *karadji* n'est pas un obstacle à la propriété libre et absolue d'un terrain, et qu'en Egypte, il y a un très-grand nombre de ces terrains karadji qui appartiennent depuis des siècles à leurs possesseurs.

Il est possible que M. Gatteschi ait écrit cela, mais il est certain qu'il a écrit le contraire en 1869.

Et quand avait-il raison ?

En 1869 assurément, car alors il publiait dans son « Bulletin » le décret de Saïd-Pacha réglant les droits de propriété et d'usufruit sur les biens Karadji.

Voici ce que disait ce décret cité par Gatteschi (Ann. 1869, p. 149) :

Art. 1er. — Suivant la *disposition de la loi*, les terrain appartenant à l'Etat (karadji), ne sont pas susceptibles d'héritages... mais *dorénavant* les héritiers auront droit à ces terrains, à la condition expresse qu'il puissent les *cultiver* et payer les impôts.

Art. 5. — Les cultivateurs des terrains qui appartiennent à l'Etat ont seulement droit aux avantages que leur procure la culture desdits terrains pour le temps qu'ils les entretiennent, sans qu'ils puissent en devenir propriétaires.

Ces cultivateurs, d'après les lois du pays, doivent perdre ce droit, s'ils abandonnent volontairement lesdits terrains pendant trois ans...

Ainsi voilà la loi, toute récente, citée par Gatteschi lui-même. Il y a loin de là à cette propriété séculaire et libre dont la loi nouvelle, contrairement au droit musulman, priverait les possesseurs.

Le Code, plus favorable que l'édit de Saïd-Pacha, ne borne pas les droits de l'usufruitier au droit de succession. Il lui donne tous les droits utiles sans exception, et porte à cinq ans le délai après lequel l'abandon entraîne la dépossession.

Et remarquez qu'en note de cet édit, Gatteschi explique « que, d'après la loi, « *les biens karadjis appartenaient à l'Etat*. »

Que, d'après la même loi, « la concession ne pouvait être que *viagère* »
(page 149).

Voilà comment M Rouvier, qui ne cite pas toujours très-correctement, devrait
aussi se défier des citations qu'il emprunte aux autres, et s'informer de la valeur
des auteurs sur lesquels il s'appuie.

Veut-on la preuve que M. Rouvier n'a pas lu le Code qu'il critique ?

On pourrait, dit-il, page 167, multiplier à l'infini les observations et les critiques. Il ne
serait pas sans intérêt de montrer, par exemple, que l'hypothèque, dont il est plusieurs fois
parlé dans le Code civil, n'y est cependant définie nulle part.

Ceci est grave, n'est-ce pas, et nettement affirmé ?

Et bien, voici le texte de l'article 678 du Code civil :

Il y a quatre espèces de créanciers :

. . . .

2° Les créanciers hypothécaires, c'est-à-dire qui, moyennant certaines formalités, ont, sur un
ou plusieurs immeubles de leurs débiteurs, un droit opposable aux tiers d'être payés, par
préférence aux créanciers ordinaires sur la valeur de ces immeubles, en quelques mains qu'ils
passent.

Enfin, il y a une dernière critique qui est incompréhensible :

D'après la loi musulmane les héritiers de la victime ont le droit de faire grâce
de la vie au meurtrier.

Outre que c'est très-humain, il était impossible de ne pas consacrer cette disposition à cause des idées religieuses du pays.

Dans ce cas la peine de mort est commuée en celle des travaux forcés, et la loi
fixe l'indemnité qui s'appelle « *prix du sang.* »

M. Rouvier trouve cela barbare ; on ne sait pourquoi, à moins que, faute d'avoir
lu le Code pénal, il ait cru que « *le prix du sang* » était le droit laissé au meurtrier de se soustraire à la peine en payant une somme d'argent.

Voilà tout ce qui a été précisé sur les Codes.

Mais, au surplus, qu'importe ? Puisque la porte est toujours ouverte aux modifications, à quoi aboutissent des critiques qui n'ont pas pour objet d'appeler
l'attention sur des corrections précises, utiles ?

VI

Soit, disent les adversaires de la réforme ; mais à quoi bon des lois et des tribunaux, à quoi bon des jugements, si on ne peut exécuter ?

Qui osera exécuter un jugement contre le vice-roi ?

Qui pourra l'exécuter dans un harem ?

Qui empêchera un musulman de donner ses biens à une mosquée et de les soustraire comme Wakfs à l'action de ses créanciers ?

Tout ceci est sans portée sérieuse. Il s'agit d'exécution contre le vice-roi et les indigènes. Eh bien, en quoi consiste la situation actuelle, et en quoi est-elle aggravée ?

Les Européens ne peuvent même obtenir un jugement contre le vice-roi, et ce ne seraient pas ses gouverneurs qui l'exécuteraient.

A l'avenir, ils auront ce jugement, et pour l'exécution des huissiers aux ordres du tribunal et sous sa dépendance, avec une force publique spéciale.

Quant aux harems, n'en existe-t-il donc pas aujourd'hui ?

Si l'exécution n'a pas lieu, malgré un jugement, au moins nos consuls auront une base sérieuse pour exercer leur action diplomatique.

Et pourquoi l'exécution n'aurait-elle pas lieu, même dans les harems ? On entrera très-bien dans un harem. Est-ce qu'on n'exécute pas les jugements en Algérie, même dans les harems au besoin ?

Quant aux donations que les débiteurs pourraient faire à des mosquées, cela est peu redoutable.

La loi nouvelle, en effet, que le tribunal international est chargé d'appliquer, prononce la nullité d'une pareille aliénation, en sorte que le tribunal n'aurait pas à en tenir compte.

VII

Mais, dit-on, on n'a pas confiance, et l'on n'en veut pas.

Sur cette question, le Rapport est très-curieux.

Il parle de pétitions contraires à la réforme ; il les étale dans les pièces justificatives ; il invoque même les pétitions des Anglais et des Italiens, que leurs Gouvernements étaient à même de bien apprécier cependant et dont ils n'ont pas tenu compte.

Mais des pétitions contraires il n'en est pas question. On induirait même facilement du Rapport qu'il n'y en avait pas.

Il y en a cependant, et elles sont dans le dossier même de la Commission.

Le Rapport de la Commission de 1870 les mentionne.

Mais quelle habileté déploie M. Rouvier, sans s'en rendre compte assurément, pour empêcher de laisser voir que quelque personnage sérieux approuve la réforme !

Dans la bouche des partisans les plus avoués de cette réforme, il ne met que des paroles qui, retirées de leur milieu, paraissent des paroles de réprobation.

Nous l'avons vu pour M. Giaccone et nous avons fait voir comment les phrases les plus décisives étaient omises.

Il y en a bien d'autres ; citons-en un exemple, uniquement parce qu'il n'est pas long.

M. Rouvier cite une phrase de M. Barghers, le délégué autrichien, à la commission de Constantinople.

« **M. Barghers** connaît l'Egypte, où il a rempli des fonctions judiciaires près le consul général d'Autriche à Alexandrie pendant deux ans... Mais il y a toute une législation nouvelle, des principes nouveaux, au moins, à introduire en Egypte où ils ne sont pas connus. »

Sait-on ce qu'il y a à la place de ces points qui viennent si bien après l'indication du séjour de M. Barghers en Egypte ?

Il y a ceci :

Il a pu se convaincre qu'une réforme judiciaire était nécessaire.

Il y a encore une citation très-heureusement faite.

M. de Cazeaux, notre consul général, rendant compte des efforts qu'il faisait pour obtenir que les nouveaux Tribunaux ne puissent connaître des cas de banqueroutes frauduleuses, s'écrie dans un accès de lyrisme extra-diplomatique :

Si nous sommes contraints de laisser la fortune de nos nationaux à la discrétion de ce Gouvernement, n'y mettons pas leur honneur.

La phrase est d'un joli effet, et le Rapport en tire tout le parti possible. « Rien « ne saurait mieux peindre, dit-il (p. 101), le *véritable sentiment* de notre agent « diplomatique. »

Eh bien, pour qu'on juge de la valeur de cette conclusion et de la portée du passage cité, voici la phrase de la lettre de M. de Cazeaux qui le suit IMMÉDIATEMENT :

Mais ces réserves posées, je ne dois pas dissimuler à Votre Excellence que le *statu quo* est à peu près impossible à conserver. Ce qui pouvait exister lorsque la colonie française et les colonies étrangères d'Egypte comptaient à peine quelques centaines d'individus, devient *impraticable* alors que les Français seuls dépassent aujourd'hui le nombre de 20,000, presque tous dans la force de l'âge et dans la pleine activité du travail et des affaires. La juridiction séparée des divers consulats est encore indispensable lorsqu'il s'agit du statut personnel, *mais elle se trouve impuissante* dès qu'elle se trouve en présence de questions où des intérêts indigènes ou nationaux se mêlent et se confondent avec ceux des nationaux. *Les affaires mixtes ne reçoivent aucune satisfaction de cette multiplicité de juridictions* parfois hostiles. Alexandrie, avec ses 280,000 âmes, n'a jamais été une ville égyptienne, c'est une colonie européenne aujourd'hui comme dans l'antiquité. On ne saurait donc continuer à y appliquer *les vieilles règles de notre droit oriental*, qui aboutissent, dans les circonstances actuelles, à une véritable *anarchie* judiciaire. (Doc. diplom., p. 174.)

N'est-ce pas que M. Rouvier a eu raison, dans l'intérêt des conclusions de son Rapport, de ne pas continuer sa citation ?

Quand le Rapport cherche à établir que la colonie ne veut pas de la réforme , il a des habiletés bien curieuses pour s'en tirer avec les chiffres.

Après avoir entendu un certain M. Gavillot et un M. Maillard-Maraffy, adversaires de la réforme, la Commission reçoit les dépositions de huit témoins favorables. Parmi eux se trouvent des députés ou anciens députés de la nation, M. Brocard, des Forges et Chantiers, M. de Lesseps, M. Bourée, ancien ambassadeur à Constantinople, etc.

Quel cas le Rapport fait-il de leur opinion ?

Celui-ci : que ces messieurs, qui ont habité l'Egypte, ont l'esprit bien faux assurément, car les motifs qui les ont décidés et qu'ils ont fait valoir en faveur de la réforme, ont convaincu les dissidents de la Commission qu'il fallait la repousser.

Il n'y a d'autre appréciation que celle-là dans le Rapport.

N'est-ce pas un peu sans-gêne ?

En Égypte, à la demande de la Commission, on procède à une enquête auprès des notables commerçants.

A Alexandrie, 14 sont favorables à la réforme, 5 lui sont contraires; au Caire, 15 sont partisans de la réforme, 9 la repoussent.

Est-ce décisif? Non. Le Rapport affirme que ceux qui n'ont pas répondu doivent être adversaires de la réforme.

D'ailleurs, dit-il, il n'y a que la majorité des intérêts qui soit pour la réforme (que cela !) mais la majorité du nombre lui est hostile.

Le nombre ! à l'étranger ! sur une terre de refuge ! quelle autorité !

Veut-on savoir ce que c'est que ce nombre? M. de Cazeaux l'explique d'une manière saisissante dans une lettre adressée à M. le ministre des affaires étrangères, et que le Rapport n'a garde de citer, et qui se trouve au Livre jaune :

« Si une *désapprobation bruyante* (contre la réforme) se rencontre *quelquefois encore* dans notre colonie d'Alexandrie à propos de cette affaire, ces manifestations sont moins la suite d'une opinion *réfléchie*, que l'expression d'un *mécontentement quand même de quelques émigrants* sans établissement sérieux, que des illusions déçues ont jetés dans une opposition sans discontinuité.

Voilà, sans que la Commission en ait conscience, les seuls intérêts qui sont derrière elle.

Ce n'est certes pas à ces intérêts-là que l'Assemblée sacrifiera notre commerce, ce n'est pas pour les sauvegarder qu'elle condamnera la France à l'isolement.

Paris, imp. PAUL DUPONT, rue Jean-Jacques-Rousseau, 41. (4125. 12.75)